LA
NOUVELLE
THERESE,
OU
LA PROTESTANTE
PHILOSOPHE.
HISTOIRE SERIEUSE
ET GALANTE.

LA
NOUVELLE
THÉRESE,
OU
LA PROTESTANTE
PHILOSOPHE.

HISTOIRE SÉRIEUSE & GALANTE.

A LONDRES,

De l'Imprimerie de Jean Desbordes,
près Witheal.

M. DCC. LXXIV.

AVANT-PROPOS.

ON ne fera peut-être pas moins furpris du ton de morale qui regne dans cet Ouvrage, que de la licence avec laquelle certains endroits font écrits.

Perfonne n'ignore que l'âge de la jeuneffe eft l'âge du délire, & que c'eft précifément le temps, pour peu que notre conftitution annonce du tempérament, où l'on s'abandonne avec plaifir au néant de l'indolence & aux fatigues de la volupté.

C'eft en vain que je voudrois me déguifer qu'une peinture trop exacte

peut être non - feulement regardée
comme un défaut d'équité , mais
que c'eft encore mal édifier le Pu-
blic, que d'ofer fecouer ouvertement
le joug de la pudeur.

J'aurois pu , je le fais, ne pas tant
bleffer la modeftie, en broyant moins
mes couleurs dans le narré de mes
avantures ; mais fi les charmes de
l'amour fe font fait fentir à mon
cœur d'une maniere trop vive , pourquoi me feroit - on un crime de les
exprimer de même ?

Quant aux fages réflexions qui fe
trouvent femées dans cet écrit, ou
plutôt ce recueil d'anecdotes galantes , il ne fera pas difficile d'en dé-
viner la caufe. Les perfonnes ver-

ſées dans l'hiſtoire du cœur humain,
comprendront ſans peine que c'eſt
le propre des filles du monde , de
donner dans la morale , lorſqu'elles
ſont revenues de la bagatelle.

LA
NOUVELLE
THÉRÈSE,
OU
LA PROTESTANTE
PHILOSOPHE.

CHAPITRE PREMIER.

UNE Ville maritime de France, & des plus commerçantes de l'Europe, fut le lieu qui me vit naître. Le soin de mes premieres années a été confié à une de mes tantes, qu'une forte inclination, pour la

A

vie champêtre , avoit dégoûtée du grand monde. Je n'ajouterai rien à la bonté de fon caractere : je fuis trop convaincue de l'infuffifance de ma plume , pour entreprendre fon éloge. Qu'il me fuffife feulement d'avancer , que les illufions de l'amour - propre & de la vanité , ne répandirent jamais dans fon ame leur funefte poifon ; qu'étant formée , dès fon bas âge , à l'école de la vertu , elle ne s'étoit rendue recommandable que par l'aufterité de fes mœurs. Je dois même avouer , à ma honte , que fon efprit fouple & doux , fes manieres civiles & humaines , n'euffent pas peu contribué à polir mon éducation , fi, moins efclave des plaifirs , je me fuffe montrée moins avide de leur fenfualité.

Quoique ma tante fût encore dans la faifon de plaire , & qu'on ne pût la regarder fans fentir des defirs, elle aima mieux, cependant , couler en paix fes jours dans fon

Château de R . . . , à quelques lieues
de N . . . , que de mourir d'ennui dans
ces cercles frivoles , où fatigué de fon loi-
fir on en fatigue les autres ; où ceux qui les
compofent , n'étalent , le plus fouvent , que
des brillantes inutilités , & parlent fans
ceffe de leur ridicule magnificence.

Mes parens , je le dis à leur gloire, fans
avoir joué dans le monde un rôle diftingué ,
furent toujours fe mériter l'eftime & la
bienveillance du Peuple , foit par leurs lar-
geffes , foit par leurs bontés. J'ajouterai même qu'ils étoient accueillis des Grands d'u-
ne maniere peu commune ; chofe affez rare,
parce que l'envie regarde toujours la prof-
périté avec un œil de jaloufie , & que le
mérite s'efforce d'éclipfer le mérite.

C'eft à mes ayeul & bifayeul , que je
fuis redevable du bien être dont je jouis
aujourd'hui. Ces deux Neftor , étoient en
fi grande vénération dans le lieu de leur

réfidence , qu'on ne prononçoit jamais leur nom fans un tendre refpect : ils étoient ri- ches , c'eft tout dire ; avec cette différence , qu'ils ne durent point à la baffeffe leur brillante fortune , & que, bien loin de fe fervir du droit qu'elle donne , droit qui ne rend infolens que les gens parvenus, ils la foutinrent , au contraire, & fans orgueil , & fans fierté.

Mon pere , qu'une longue expérience de malheurs avoit rendu Philofophe , dès le printemps de fon âge, malheurs différens de ceux de la privation des dons de Plutus , il en étoit comblé , j'en ai déjà fait mention ; mon pere, dis-je , s'étoit accoutumé de bonne heure, à ranger dans la même claffe, fubordination à part , & l'Efclave , & le Roi. Les qualités qui tirent leur effence de l'éclat , j'entends parler de celles qui frappent au premier coup d'œil , n'étoient point de fon goût. Simple dans fes mœurs , il n'eût pas été propre à jouer le rôle de Courtisan : à leur exemple, il n'avoit garde d'en imposer par le faste des titres, encore moins par la pompe de l'appareil. Vrai dans ses discours, il eût regardé comme un crime d'altérer la vérité, bien persuadé que, pour se montrer, elle n'a pas besoin de fard, & qu'un tableau qui n'emprunte rien de la fiction, est préférable, sans doute, à ces vains symulacres qui doivent tout au ciseau & rien à la Nature. Nourri de la lecture des Anciens, qu'il préféroit au dire fastidieux de nos prétendus Doctes, il ne se laissa jamais séduire par la manie du bel esprit. Instruit par l'expérience, il ne pouvoit ignorer que c'est un vain titre qui n'est fait que pour les Sots.

A tant de qualités, qui formoient non-seulement la base du caractere de mon pere, mais qui le distinguoient encore de la foule commune, je joindrai celle d'un cœur trop

tendre , pour ne pas s'occuper des fentimens les plus profonds. Doué d'un enten-
dement fain , il ne pouvoit fe diffimuler que
tous les hommes font freres , principalement
lorfqu'ils font unis par la fageffe. Je dois lui
rendre juftice, cette premiere vertu , puifée
dans la Nature, & fortifiée par la raifon ,
étoit gravée dans fon ame en caracteres inef-
façables.

Voilà fans doute un beau portrait , me
diront quelques Critiques; il n'eft pas chargé
d'ombres , & il n'appartenoit qu'à Thérefe
d'en faifir ainfi la reffemblance. Mais, fans
me mettre en peine du langage ironique de
ces Meffieurs , je foutiens , moi , qu'un tel
portrait étoit celui de mon pere ; que c'é-
toit véritablement un Sage , dont les mœurs
n'avoient rien d'analogue à celles de mon
fiecle. Je foutiens qu'il n'étoit jamais fi fa-
tisfait, que lorfqu'il pouvoit trouver l'occafion de fe fignaler par des bienfaits. Je fou-

tiens qu'il fuivoit fcrupuleufement les Loix ,
lorfqu'elles étoient humaines ; qu'il aimoit &
révéroit fon Dieu , mais ne le craignoit pas.
Plein de refpect & de vénération pour un
Etre fouverainement bon , il fe l'eft toujours repréfenté comme un pere dont la tendreffe eft infinie ; toujours prêt à pardonner
à fes enfans , & jamais armé de la foudre ,
comme le peignent nos obfcurs Cénobites.
En un mot , les trois points fur lefquels il
étayoit fa religion , étoient la vérité , la juftice & l'humanité.

Gens d'Églife , appuis mercénaires de la
Doctrine chrétienne, vous flatteriez - vous
d'égaler en fentimens le plus tendre des
peres ? Il y a long-temps que vous m'avez
appris à vous connoître. L'étude particuliere
que je me fuis faite de votre caractere &
de vos mœurs, n'offre un champ que trop
vafte à mes juftes réflexions. Vous avez beau
vous couvrir du manteau de l'hypocrifie ,

vos myſteres percent toujours, & vos vertus apparentes ne ſont au fond que des vices effectifs.

Ma mere, qui avoit encore toutes les graces de la jeuneſſe, au déclin même de ſes jours, joignoit aux charmes d'une figure aimable, ce qu'on appelle un eſprit juſte, un bon naturel & un cœur par excellence. Compatiſſante ſans orgueil, le bien qu'elle aimoit à faire, étoit moins dans le fond de ſa bourſe qu'au dedans de ſon cœur. Plus d'une famille indigeante, s'eſt ſouvent reſſentie de ſes libéralités ! A combien de malheureux, n'a-t-elle pas fermé la porte aux crimes, en les ſoulageant dans leurs beſoins !

Eſt-ce de vous femmes dévotes, vous qui vous faites gloire d'une fauſſe piété, que la tendre humanité doit eſpérer des ſecours ? Non : le Dieu que vous ſervez, eſt le Dieu de l'intérêt. Le Ciel vous fit un cœur;

il

il vous donna même des entrailles , & vous rougiſſez de vous montrer telles que vous devriez être , charitables & ſenſibles.

Il eſt aiſé de comprendre qu'avec des qualités auſſi rares & un tempérament décidé pour les plaiſirs , celle qui me donna l'être , ne manquoit pas d'Adorateurs. A quelques défauts près , elle eût été un modele de ſageſſe , un exemple de vertu ; mais quand on a reçu du Ciel une ame faite pour deſirer ſans ceſſe & pour jouir toujours, le moyen de ne pas céder aux impulſions de la Nature ?

Qu'uné fille , qui a du tempérament , qui veut contrefaire la Veſtale , ou ſe donner pour une Lucrece , joue , à mon avis , un triſte perſonnage : elle peut bien ſatiſfaire à ſon orgueil, mais jamais à ſes ſens. Le même raiſonnement peut auſſi s'appliquer aux femmes ; il y en a de tout genre : j'en connois qui affectent d'avoir ſur la

B

Nature un empire abfolu , mais qui dans le tête-à-tête , font les plus fenfuelles. Tel étoit, à peu près, le caractere de ma mere. S'il lui arrivoit d'interroger quelquefois fon cœur , elle ne pouvoit le faire , fans appeller le plaifir. Le plus fouvent, elle folâtroit avec lui ; c'étoit fa paffion dominante : auffi , avec quelle vivacité ne fe prêta-t-elle pas aux traits que lui porta le fils de Vénus !

De tous les concurrens qui foupiroient pour fes beaux yeux , un jeune Financier, très-difpos, vigoureux & de bonne mine , étoit le mieux traité. Ce nouvel Athlete, fe rendoit fouvent chez ma mere, à la faveur de la nuit ; & tandis que mon pere étoit, à cent lieues de fon époufe, au fervice de fon Prince , car j'avois oublié de dire qu'il rempliffoit un pofte honorable dans un Régiment de Cavalerie , le favori du cœur goûtoit, dans les bras de fon Hélene & fous la fauve-garde de l'amour , des

plaifirs trop bien apprêtés , pour ne pas par-
tir de la main des délices.

Monfieur le Financier étoit un homme
galant , qui n'ayant des yeux que pour le
beau Sexe , fe plaifoit à jouer avec les ro-
fes de Cypris. Ma mere étoit une Déeffe
charmante , qui chériffoit le beau fruit , &
qui favoit encore mieux en exprimer la li-
queur.

En voilà , je crois , affez , pour donner
une idée fuccinte des Auteurs de mes jours ?
Que me ferviroit de remonter à l'ori-
gine de mes Ancêtres ? Il ne doit pas entrer dans mon plan de faire ici ma généa-
logie ; des femblables détails ne feroient
qu'un jeu frivole. Je me fuis propofée d'é-
crire feulement mon hiftoire ; voilà tout.
J'entre en matiere.

Il n'eft point de forte d'attitudes , comme on verra dans la fuite , que je n'aye mis
en ufage , point de goûts que je n'aye épui-

fés, pour me procurer des fenfations capa-
bles d'affecter mon ame ; difons mieux,
pour m'abîmer, s'il étoit poffible, dans un
Océan de délices.

Qui le croiroit ! Ce fut dans un Couvent de Religieufes, aux environs de N . . .
que me furent dictées les premieres leçons
de la débauche. Novice encore dans l'Art
de la Galanterie , devois-je m'attendre à
faire l'apprentiffage du vice dans une Maifon facrée !

Peres & meres, fi j'ai un confeil à vous
donner , c'eft de laiffer ignorer à vos filles
ces Repaires affreux, qui cachent, fous le
nom de Cloître , parlons net, fous le maf-
que de la Religion , mille baffes maximes ;
où la morale qu'on y prêche , vient toujours fe brifer fous le choc des paffions ;
où la peine & le vice font à jamais infépa-
rables ; où l'on ne connoît enfin que la
haine & l'efclavage. Pour bien juger des

Cloîtres, il faut les avoir fréquentés ; il faut avoir vu, comme moi, pour apprendre à méprifer le culte infenfé qu'on y pratique.

Si j'étois encore dans l'âge des folies amoureufes, & qu'il fût en mon pouvoir de donner à mon Prince, foit des garçons, foit des filles, à Dieu ne plaife que je priffe jamais le foin dangereux de leur infpirer le goût du Couvent. Cet abus, ou plutôt ce vice confacré par la mode, & qu'on croit nféparable de la bonne éducation, eft, à mon avis, le comble du délire ; c'eft le dernier degré de la dépravation.

Je ne puis m'empêcher de rire, quand je penfe aux momeries de nos Anti-Veftales. Avec quel air de modeftie, de vénération & de fageffe, ne les voit-on pas fléchir les genoux devant la Mere Abbeffe, qu'elles encenfent comme une Idole. Il n'eft point jufqu'à la moindre des Novices, qui ne foit obligée de lui rendre un hommage fincere,

& qui, pour cet effet, ne se pare des atours recherchés d'une dévotion scrupuleuse. A en juger par la modestie de ces monstres fémelles, on diroit qu'elles brûlent d'un feu toujours divin ; mais, si j'ai bien déviné, le Ciel est dans leurs yeux, & l'Enfer dans leurs cœurs.

Que pensez-vous de mon raisonnement, graves Théologiens ? vous qui savez si bien traduire les idées sublimes de la morale chrétienne ? vous qui dogmatisez à votre fantaisie, qui parlez de tout, & qui ne décidez de rien ? vous, enfin, qui faites souvent rougir vos Ouailles au fond d'un Confessionnal, & où le plaisir d'une imagination échauffée, a sans doute plus de part, dans vos questions indécentes, que l'envie salutaire de les réconcilier avec Dieu ?

Ne vous déchaînez pas contre ma morale, Ministres du Très-haut ; elle n'est pas bien édifiante, je m'attends à ce repro-

the : je demeure même comme furprife ,
de ce que vous ne m'avez pas déjà taxée
d'Impie fans principes, d'Efprit fort par air ,
de Philofophe fans raifonnement. Il eft vrai
que mon Sexe n'a pas droit d'afpirer , comme
vous , aux honneurs du Doctorat ; mais fi
la raifon nous eft commune , vous en con-
venez vous - mêmes , pourquoi me feriez-
vous un crime , & d'apprécier , & de juger ?

Dites - moi , vous qui vous connoiffez
dans le phyfique de l'amour , par quelle
étrange fatalité, que je ne puis comprendre ,
mes mufcles , mes tendres mufcles , aux
approches de ce Sexe charmant , qui pof-
féde l'Art enchanteur de nous faire paffer
de l'état de fille à celui de femme , étoient-
ils fans réfiftance ? Pourquoi cette vie molle
& licencieufe ? Pourquoi ces defirs illimi-
tés, ces paffions immodérées, ces penchans
fans mefure , en un mot, cette entiere dé-

pravation dans tous mes fens ? Eſt - ce faute d'éducation , ou faute de principes ? . . . Je vous entends. . . . La folution n'eſt pas aiſée , & les difficultés vous arrêtent. J'inſiſte pourtant à croire que des pateils fentimens ne peuvent dépendre ni de l'un ni de l'autre ; qu'ils font innés dans certains Individus ; autoriſés , conféquemment, par l'Ouvriet de la Nature, parce qu'il ne peut ni ne doit être ſujet à l'erreur.

Quelques Cenſeurs atrabilaires , m'objecteront peut-être que j'ai pour moi la raiſon , & qu'il eſt abſolument néceſſaire que je l'appelle à mon fecours. A cela je réponds qu'elle eſt ſourde à ma voix , & qu'elle ne peut rien contre ma propre foibleſſe.

CHAPITRE

CHAPITRE II.

CE n'eſt pas aſſez d'avoir fait mention, dans mon premier Chapitre, que c'étoit dans un Couvent de Religieuſes, aux environs de . . . , que me furent diⱡtées les premieres leçons de la débauche. Ce n'eſt pas aſſez de m'être déchaînée contre les Cloîtres, & d'avoir prétendu qu'ils étoient moins un aſyle ſacré qu'un écueil dangereux, où la vertu de mon Sexe vient toujours faire naufrage. Les hommes, comme on ſait, ne ſont pas ſi faciles à perſuader. Ceux que la raiſon dirige, n'aiment à juger que par comparaiſons ; encore, s'en trouve-t-il dans le nombre, qui ſont du ſentiment de Socrate, & qui ſoutiennent, peut-être avec juſtice, que le doute eſt le commencement de la ſageſſe.

Je conviens, & je crois en effet, qu'il existe sur la terre des Génies malins, qui, toujours riches en couleurs préparées, possédent, on ne peut pas mieux, le degré des nuances. Les uns nous montrent les vices sous le masque des vertus ; les autres nous cachent le vénin sous les fleurs qu'ils préfentent ; les autres, enfin, savent se faire un rempart contre l'invraisemblance. Mais il fut de tout temps une exception à la regle, & ce que j'ai avancé jusqu'à préfent de la meilleure foi du monde, je suis en état de le soutenir de même. La fuite de mon histoire en donnera des preuves si frappantes, qu'il sera aisé de s'appercevoir que, pour donner du poids à mes affertions, je n'ai pas eu befoin de recourir à l'impofture.

Je laisse aux ames basses, l'art indigne de la feinte & du déguisement. Un motif bien différent des manœuvres de la ruse, celui de la vérité, dirigera toujours ma plume. Il faut rougir , fans-doute , d'ofer perfuader le Genre-humain avec le fecours du menfonge ; mais on ne doit jamais rougir de l'éclairer fur fes devoirs , fur-tout quand on lui montre le fentier peu battu qui conduit au bonheur.

Puifque je fuis en train de moralifer , il me vient une réflexion qui ne fera peut-être pas hors de propos , & à laquelle , fi je ne me trompe , le petit nombre des gens fenfés donnera fon fuffrage.

Je voudrois que le Peuple , cette claffe fi méprifable dans l'efprit des Grands , & fi révérée aux yeux du Sage , fût inftruit de maniere à pouvoir toujours démêler les charmes de la vérité , des nuages de l'erreur , principalement en matiere de religion. Je voudrois , dis-je , que dans les malheureufes Provinces où l'on exerce plufieurs Cultes , il y eût autant de Temples élevés à la tolérance , & qu'on ne fût pas obligé de fe cacher , pour célébrer les merveilles du Roi de la Nature.

Quel grand fervice ne rendroit-on pas à l'efpece humaine , fi l'on pouvoit parvenir à lui deffiller les yeux. Alors la Terre ne feroit plus couverte de Crimes : on ignore-roit peut-être jufqu'au nóm de Vice ; on re-garderoit l'ineptie comme la mere des in-juftices , & ceffant d'être victimes des er-reurs les plus groffieres , nous ceffierions d'ètre en proye aux préjugés les plus bar-bates. Pour peu qu'on veuille fe donner la peine de fouiller dans l'hiftoire, & de réflé-chir fur le genre des malheurs qu'ont éprou-vés fucceffivement différentes Nations , il fera facile de comprendre qu'ils ne doivent leur caufe qu'à ces deux premiers tyrans , *l'Erreur* & les *Préjugés.*

Ici je m'arrête : je ne faifois pas attention que je dois ennuyer par mes raifonnemens, & que le Lecteur impatient n'exige que des faits. J'obéis ; c'eſt ainſi que je débute.

Après la mort de ce que j'avois de plus cher au monde, je veux parler de mes pere & mere , que j'eux le malheur de perdre à l'âge de dix-ſept ans , il fut décidé, ſans conſulter mon inclination , que je ſerois confinée dans une de ces Maiſons conſacrées à la Pénitence, ſous le ſpécieux prétexte de garantir mon ame des flammes dévorantes, parce que, diſoit-on , le Culte que je ren- dois au Créateur n'étoit pas le vrai Culte. ... Mais avant d'entrer dans le détail des avan- tures ſingulieres qui devoient m'arriver dans le Cloître , il eſt eſſentiel que je mette au fait mes Lecteurs des motifs intéreſſés qui pouvoient donner lieu à ma retraite.

A peine avoit-on rendu les derniers hon- neurs de la ſépulture aux Auteurs de mes jours, que me trouvant au pouvoir du Tu- teur qui m'avoit été nommé , c'étoit mon Oncle germain , il étoit de mon devoir, en qualité de fille bien née, de me conformer à ſes vues. Perſuadée d'ailleurs, qu'il étoit incapable de me tromper, unis par le ſang & l'amitié, comme nous étions, je croyois n'avoir de mieux à faire que dé déférer à ſes volontés. J'avois été le premier & le dernier fruit de l'amour; & les biens conſidérables dont je devois jouir un jour, ne contribuoient pas peu à me faire regarder pour un des plus riches partis de la Province. Joignez à cela que je n'étois pas indifférente par les qualités extérieures, & que quand même la Nature m'auroit refuſé le don de plaire par les charmes de la figure, on auroit trouvé dans mes richeſſes de quoi ſe dédommager d'un ſi foible avantage. Nous ne ſommes plus dans cet âge heureux, où l'on ſoupiroit à la maniere des *Aſtrée* & des *Céladon*. D'autres temps, d'autres mœurs; c'eſt un axiome reçu. L'intérêt, oui, le vil intérêt, eſt aujourd'hui le

feul agent qui fait mouvoir tous les atomes.

A propos d'atomes, en voici un qui va
figurer fur la fcene, & qui, comme on
verra, eft un fûr garant de ce que j'avance :
C'eft Monfieur le Vicomte de..... jeune
fat, qui vouloit contrefaire le docte &
l'homme à fentiments, mais qui n'étoit ni
l'un ni l'autre. Vous allez voir ce nouveau
Midas fe donner pour un autre *Adonis*,
& prétendre jouer auprès de moi le galant
& le paffionné. Selon lui, de tous ceux qui
fe mêloient de faire la cour au beau Sexe,
il étoit le feul qui fe diftinguât, foit par
fes manieres, foit par fes charmes. Qu'on
juge de fa modeftie par l'ingénuité de fon
aveu. Ce n'eft pas tout.

Un après dîner, que j'étois appuyée fur
mon balcon, je vis venir de loin fon do-
meftique, qui me paroiffoit avoir une Lettre
à la main. Comme c'étoit précifément jour

de poſte, je ne me doutai de rien, & je crus ſérieuſement qu'il alloit jetter ſa miſſive dans la boëte ; mais ma ſurpriſe ne fut pas peu grande, lorſque je le vis entrer chez moi. Je deſcendis précipitamment, pour lui demander ce qu'il ſouhaitoit. Il me répondit qu'il étoit envoyé de la part de ſon Maître, pour me donner le bon ſoir ; il ajouta qu'il lui avoit expreſſément recommandé de ne remettre à d'autres perſonnes qu'à moi, la Lettre dont il étoit porteur, & qu'il reviendroit le ſurlendemain, à la même heure, pour en chercher la réponſe. Je ne ſais quel ſentiment de bienſéance vint me combattre tout à coup ; j'étois incertaine ſur le parti que je devois prendre, ou de renvoyer ou de recevoir la Lettre ; mais je poſſédois le défaut de mon Sexe : j'étois femme enfin ; la curioſité l'emporta ; j'ouvre, & je lus ce qui ſuit.

LETTRE

LETTRE

De Monsieur le Vicomte de la G * * * à Mademoiselle de la V * * *

JE céde enfin, Mademoiselle, aux transports de mon amour. Si c'est blesser votre délicatesse, que d'oser vous en faire l'aveu, accusez en vos charmes, & ne me blâmez point. Tant que j'ai été privé du bonheur de vous connoître, j'ai ignoré les peines d'une véritable passion ; mais depuis que je vous ai vue, je ne sais quel feu brûlant circule dans mes veines. Je flotte, pour ainsi dire, dans une

D

mer d'incertitude ; le doute & l'espoir m'agittent tour-à-tour. Tantôt je crains que vous ne condamniez mon imprudence & ma témérité ; tantôt j'aime à me repaître de la douce idée d'une félicité prochaine, & à me glorifier du titre d'Amant, en attendant celui d'Epoux ! Prononcez, adorable de V * * *. Un mot, un seul mot, va décider du destin de mes jours. Ou rendez-moi le plus fortuné des hommes, ou faites-moi sentir à quel point je vous suis haïssable.

Le Comte de la G * * *

Je demeurai comme frappée d'un coup de foudre, après la lecture de cet écrit. Plus je le lisois, & moins je pouvois me persuader que le Vicomte en fût l'auteur. Dans

plufieurs Maifons diftinguées, où j'avois eu
le malheur de me trouver avec lui, il
avoit toujours été la fable des gens fenfés
qui les fréquentoient. On lui avoit même
reproché mille fois devant moi, d'ignorer
jufqu'aux premiers élémens de fa langue naturelle, ce qui ne pouvoit fe concilier avec
l'épitre que je venois de lire, & dont la
diction, quoique fimple, m'en paroiffoit
éloquente. Si je favois, à ne pouvoir en
douter, que des fentiments de l'ame n'aît
ordinairement le langage du cœur, j'igno-
rois encore moins qu'il n'étoit pas donné à
mon Amant prétendu, de penfer & de fentir d'une maniere auffi délicate. Pour tout
dire, enfin, je fus bientôt inftruite de l'é-
tourderie du Vicomte, & voici comment
je découvris le myftere.

La véritable amitié ne doit avoir rien de
caché pour les ames bien faites. J'étois in-
timement liée avec la fille d'un Avocat,

non moins eftimable par les talents de l'efprit que par les qualités du cœur ; fon pere,
qui étoit mon plus·proche voifin , & qui
joignoit à une réputation intacte les con-
noiffances les plus profondes , avoit été l'ami
& le camarade d'écoles du pere du Vicomte.
Celui-ci, comme me l'avoit raconté mon
Amie , avoit été, la veille de la réception
de ma Lettre , lui faire confidence de fa
paffion. Il l'avoit inftamment prié , verfé
comme il étoit dans la littérature , de lui
dreffer le canevas d'une déclaration d'amour
en forme , fans cependant lui faire mention
de l'objet chéri de fes plus tendres défirs ;
de cet objet , difoit-il , qui avoit allumé
fa flamme , pour lequel il donneroit mille
vies , & qu'il croyoit digne d'une adoration
immuable.

Je m'applaudis en fecret d'une telle dé-
couverte : j'en fus même fi ravie, que l'heureux fuccès que je m'imaginois en rétirer,

ne pouvoit mieux répondre à mon attente. Je pris donc mes tablettes, & je me mis en devoir d'exécuter le deſſein que j'avois conçu; c'eſt-à-dire, d'écrire à mon étourdi, bien réſolue de le mortifier & de le piquer au vif. On va voir ſi j'y réuſſis.

RÉPONSE

De Mademoiſelle de la V * * * à Monſieur le Vicomte de la G * * *

OUI, *Monſieur*, c'eſt bleſſer ma délicateſſe, *que d'oſer prendre avec moi la qualité* d'Amant. *Je ne veux point d'un homme dont le génie ne brille que lorſqu'il ne dit mot ; d'un*

homme, qui, sous un extérieur im-
posant, cache la stupidité même ; d'un
homme, enfin, qui n'est bon qu'à être
son portrait. Je n'avois pas l'avantage de vous connoître d'assez près ,
Monsieur , pour bien juger de votre
mérite ; mais je présumois , au moins ,
que vous étiez muni d'assez d'esprit ,
pour m'avouer votre flamme , sans
avoir recours aux lumieres d'autrui.
Fussiez - vous , d'ailleurs , aussi voi-
sin de la science, que vous en êtes
éloigné , vous êtes Catholique , & je
suis Protestante. N'y auroit - il
Monsieur , que cette seule raison , elle
doit vous dispenser , désormais , de la
peine de m'écrire , & à moi celle de
vous répondre. Pardonnez , je vous
prie , à cette derniere réflexion ; elle

est l'effet de la saine raison : c'est elle qui me conseille ce que la vôtre auroit dû vous inspirer. Je suis , &c.

Thérese de la V * * *

Il étoit déja dix heures du matin , & il y avoit long-temps que j'avois disposé mon courier , lorsque je commençois à m'impatienter, du peu de diligence du Mercure du Vicomte, qui devoit se rendre , comme il me l'avoit dit, à la même heure qu'il m'avoit apporté sa dépêche. S'il est d'usage que l'on se plaigne ordinairement de la course rapide du temps , il est aussi des cas où il semble couler avec trop de lenteur. Heureusement que mon impatience ne fut pas de longue durée : son domestique se fit annoncer, & je sentis un secret plaisir en lui faisant remettre ma Réponse.

Je ne puis ici définir quelle étoit cette espece de crainte dont je me trouvai saisie pendant le reste de la journée. Plus je m'étudiois à en démêler le principe, & moins je trouvois le moyen de le développer. Il sembloit que je pressentois le coup terrible dont j'étois ménacée. Admirés ce contraste; d'un côté, j'étois bien aise d'avoir écrit à Monsieur le Vicomte d'une maniere aussi brusque; de l'autre, j'en étois fâchée, sans pouvoir me rendre raison d'une telle conduite. Avant l'arrivée du messager, j'étois contente, rien ne me chagrinoit; après son départ, je me trouvai toute autre.

Je me couchai l'imagination remplie de tous ces objets, qui portoient le trouble & la consternation dans mon ame. C'étoit précisément dans la saison où les nuits sont les plus courtes. Personne n'ignore que le someil est le beaume de la vie, & je craignois avec raison de ne pouvoir m'y livrer. Cependant

Cependant , contre mon attente , je fus agéablement furprife. Je me rappelle même que je dormis plus profondement que de coutume , & qu'à mon réveil je vis difpa-roître tous ces nuages qu'avoit enfantés mon imagination, Fatale erreur ! ce n'étoit qu'une bonace qui dévançoit la tempête : ainfi du fein du calme naiffent fouvent les orages !

Mon Oncle , cet oncle barbare & inté-reffé , que j'ai nommé plus haut mon Tu-teur , & que j'avois toujours regardé com-me un Dieu propice à mes vœux , fut le premier qui me trompa , & qui me porta fous main les coups les plus dangereux. Si la foibleffe eft naturelle au Sexe , l'art de fe contrefaire ne céde en rien aux hom-mes. Le frivole prétexte dont s'étoit paré mon Tuteur, pour parvenir à fes fins , le rendoit à mes yeux doublement criminel.

J'étois à ma toilette , lorfqu'un bon ma-
E

tin il entra tout ému ; qu'on se figure un homme qui ne peut céder qu'avec peine à la violence de son mal , & qui se répand en soupirs à mesure qu'il s'exprime.

Tel étoit précisément l'état où se trouvoit mon Oncle. Mon premier mouvement me porta d'abord à joindre le témoignage de ma douleur à la sienne, qui se peignoit si naturellement sur son visage, que j'en fus attendrie jusqu'aux larmes. Je viens de recevoir, me dit-il, des nouvelles de Versailles, & qui sont, ma chere Niéce, on ne peut plus affligeantes. Je voudrois bien, ajouta-t-il, pouvoir me dispenser de la peine de vous en faire ici le récit, tant je crains d'allarmer votre tendresse, & de réveiller en moi le sentiment de la peine ; mais les taches faites à l'honneur ne s'effacent jamais, & le mal est trop sérieux pour ne pas y remedier. Sachez, ma Niéce, que nous avons à faire à un ennemi puissant, & que si fous trois jours au plus tard, je ne fuis en Cour, pour me juftifier, auprès du Roi, de quelques fauffes imputations, nous demeurons couverts d'opprobre & perdus fans reffource. Je ferois déja parti, fi la crainte que j'ai de vous laiffer feule, n'eût traverfé mon projet : vous êtes jeune & bien faite ; & dans un fiecle auffi corrompu, il y a tout à craindre & rien à efpérer d'une jeuneffe bouillante, fur-tout dans une Ville comme celle-ci, où regne le défordre, & ou le vice & la vertu font au même niveau. Je fuis d'avis que vous entriez, en attendant mon retour, au Couvent de Sainte Luce, où j'ai ordre qu'on vous reçoive : On fait que vous êtes Proteftante, & l'on vous y laiffera toute liberté de confcience.

D'après cet expofé, qu'on ne doit regarder ici que comme une fable bien affaifonnée, on trouvera fans - doute furprenant que je me fois déterminée tout de fuite à

embraſſer le parti que me propoſoit mon
Oncle ; mais ſi l'on fait réflexion que j'étois
jeune & ſans expérience, on jugera que la
ſoumiſſion devoit être mon devoir. Je n'a-
vois d'autre parent que celui qu'on m'avoit
donné pour Tuteur, & auquel je répondis
que ſi la loi qu'il m'impoſoit étoit abſolument néceſſaire pour aſſurer ſon repos & le
mien, j'étois non-ſeulement prête à lui
obéir, mais encore à lui ſacrifier mes jours.
Il n'en fallut pas d'avantage ; cet aveu lui
ſuffit.

CHAPITRE III.

DE quel effroi ne me trouvai-je pas faifie, en entrant dans le Cloître ! Je ne fuis pas fuperftitieufe ; mais je croirois qu'il y a quelque chofe autour de nous qui nous donne des préffentiments fur le bonheur ou l'infortune. L'afpect de ces murs tous hériffés de pointes ; les grilles , les verroux , tout cet attirail Monaftique , en m'infpirant , je ne fais quelle fainte horreur , fembloient me préfager les maux les plus cruels. Il fembloit qu'une voix fecrette le faifoit entendre à mon cœur ; il fembloit qu'elle me répétoit fans ceffe , que les revers de la fortune étoient inévitables , & qu'on réfervoit mon innocence à des triftes épreuves.

Déjà la Supérieure inftruite du jour de mon entrée dans fon Saint Domaine ,

avoit expreſſément ordonné qu'on m'arran-
geât un logement proportionné à mes richeſſes , & digne enfin du rang que je
tenois dans le monde. O qu'elle eſt belle !
» s'écria-t-elle , *en me voyant* : ô mes
» Sœurs ; que des graces n'avons-nous
» pas à rendre au Dieu que nous ſervons.
» Venez ma fille , *ajouta-t-elle , en me*
» *tendant les bras , & en m'embraſſant*
» *de tout ſon cœur* ; venez recevoir les
» premiers gages d'un amour tout ſancti-
» fié ; venez demander pardon à Dieu de
» toutes vos erreurs , auxquelles ſans doute
» vous n'avez pas participé. Mes Sœurs
» & moi , nous y joindrons nos priéres ,
» pour qu'il vous faſſe miſéricorde. Vous
» êtes ici , Mademoiſelle , dans un port
» aſſuré , où vous pourrez vous repaître ,
» à l'abri des écueils, des douceurs d'une
» vie privée , tout à fait exempte d'a-
» mertume. Souvenez-vous ſur-tout, que

>> vous vous rendriez indigne des graces
>> du Très-haut, fi vous oppofiez à fes
>> décrets éternels des fentiments contraires
>> à ceux du Chriftianifme. Rejettez donc,
>> ma fille , toutes autres infpirations
>> que celles qui viennent du Ciel : Il faut
>> les demander avec ferveur ; elles font
>> faintes & pures «.

D'après ce grave préambule , que je trouvai un peu ridicule , parce que je n'y étois pas accoutumée, mais qui dans le fond n'avoit rien que d'honnête & de bien intentionné , la Supérieure fe retira , en me donnant à connoître qu'elle me prenoit fous fa protection. Elle donna en même temps fes ordres , pour qu'on m'introduifît dans l'appartement qui m'étoit deftiné , & dans lequel je ne m'attendois pas de faire un fi long féjour.

Je ne m'amuferai point ici à faire la defcription des meubles qui compofoient mon nouveau domicile ; ces fortes de peintures n'ont abfolument rien d'intéreffant : il me fuffira feulement de dire , que l'ordre avec lequel tout y étoit diftribué , me furprit d'une maniere , on ne peut plus agréable , tant j'étois éloignée de penfer que les regles de l'Art , accompagné de fa magnificence , fuffent connues chez les Nones.

Cependant, le difcours pathétique, que m'avoit auparavant tenu la Supérieure , ne laiffoit pas que de fournir à mon imagination une carriere bien ample. Je ne pouvois me perfuader qu'on ne m'avoit fait époufer le Couvent , que dans l'unique deffein de me faire abandonner mon Culte , pour embraffer le Chriftianifme. Cette idée m'affligeoit , mais j'eus bientôt le mot de l'énigme.

A peine avois je promené mes regards fur tous les objets féduifans qui décoroient mon afyle , qu'une vieille Béate , qui fembloit

bloit ne tenir à la vie que par un fil, vint m'annoncer la visite d'un sexagenaire (c'étoit l'Aumônier du Couvent), qui avoit non-seulement la réputation d'être saint, mais qui joignoit encore au don de persuader, celui de faire des Prosélytes.

La manière avec laquelle cette tête aux cheveux blancs se présenta, ne me prévint pas en sa faveur, & j'ose même dire que son début me décéla un second Tartuffe.

Après les civilités accoutumées, & aux-quelles je répondis de mon mieux, le zélé Docteur prit un air composé pour me dé-biter son harangue avec emphase. » Vous » ne vous attendiez peut-être pas, Ma-» demoiselle, *me dit-il*, à une visite aussi » prompte. Il est vrai que c'est en quelque » façon manquer d'égards pour les per-» sonnes de distinction, que de leur refuser » même jusqu'à l'instant de la réflexion; » mais il est des circonstances qui deman-

F

» dent qu'on brufque les chofes, & celle

» où vous vous trouvez actuellement, n'eft

» pas de la moindre importance.

» Votre falut, ma chere enfant, eft au-

» jourd'hui le point effentiel fur lequel

» vous devez vous fixer. Tout périt dans

» la nature, & le corps, & les biens, &

» les honneurs, & les dignités ; mais il

» eft écrit que notre Ame, ce fouffle di-

» vin & fpirituel, doit toujours conferver

» fon effence primitive. Comme fon Créa-

» teur, elle doit être immuable. Sa cendre

» toujours vivante, s'il eft permis de s'ex-

» primer ainfi, doit recevoir un jour des

» châtimens proportionnés à fes offenfes,

» ou bien des récompenfes juftement mé-

» ritées.

» Elévée dans une Réligion, dont vous

» ignorez, tout-à-la fois, & les dangers,

» & les écueils ; je regarderois comme le

» plus grand des malheurs, que vous de-

>> vinſiez la proye de cet eſprit malin, au-
>> quel on a donné le nom de Princes des
>> Ténébres. C'eſt lui, ma chere fille, qui
>> nous inſpire les ſentiments les plus dé-
>> ſordonnés, & qui nous fait vivre dans
>> les entraves du péché. C'eſt par lui que
>> les Nations qui habitent les parties Orien-
>> tales de l'Europe, & les parties Occi-
>> dentales de l'Aſie, adorerent ceux qu'ils
>> auroient dû preſque mépriſer. Etrange
>> foibleſſe de l'homme ! ſuperſtition qui
>> le dégrade par tout l'Univers, & qui
>> l'abaiſſe au-deſſous des animaux mêmes.

>> Qu'il ſoit donc pour vous de toute
>> évidence, qu'on ne découvre le faux &
>> le ridicule d'une Religion, que lorſ-
>> qu'une autre venant à lui être ſubſti-
>> tuée, la nouvelle fait rejetter l'ancienne.
>> Le Culte plus récent fait rire des vieilles
>> pratiques qu'une obſervance générale ne
>> rend plus reſpectables. Oui, Mademoi-

» felle, le Polythéifme des Grecs a fuccédé
» aux Dieux potagers. On n'encenfe plus
» l'hycneumon, l'hyppopotame & le Cro-
» codile ; on ne peut plus dire avec Ju-
» venal : *opida tota canem venerantur*, tou-
» tes les Villes adorent un chien.

» Si je voulois fuivre l'ordre des temps,
» examiner de point en point le fonde-
» ment des diverfes Religions, parcourir
» les climats, voler d'un hémifphere à
» l'autre, fonder enfin la croyance des
» Peuples, je trouverois que dans tout
» l'intervalle des fietles qui fe font écou-
» lés, depuis la fondation de l'Empire des
» Affyriens, & la décadance de celui des
» Romains, depuis le Tanaïs jufqu'au Ti-
» bre, depuis le Golphe Perfique jufqu'à
» l'Hiftme de Suez, tous ceux qui ont
» voulu fe donner pour Fils de Dieux,
» ou Deffendans des Dieux ont été d'heu-
» reux impofteurs, qui n'ont dû leur

» gloire qu'à l'ignorance & à l'imbécillité
» des Peuples ; mais comme ce n'est pas
» ici le lieu d'approfondir ces matieres,
» qui demanderoient, sans-doute une plus
» ample discussion ; je me borne, pour le
» moment, à ces courtes réflexions, que
» je n'ai d'ailleurs fait éclore, que pour
» mieux vous faire sentir l'erreur où vous
» êtes, en vivant dans une Religion qui
» n'a pour but que votre perte. Joignez
» à cela, que si vous refusiez de vous
« prêter à mes vues, vous vous rendriez
» non-seulement indigne des graces du
» Ciel, mais vous manqueriez encore un
» établissement qui ne peut que vous faire
» honneur. Inutilement vous célérois-je,
» qu'on s'est servi de divers prétextes,
» pour vous faire ranger sous le Drapeau
» de la Croix ; vous êtes trop éclairée,
» pour ne pas vous en appercevoir, &
» j'attends de votre raison la soumission

» la plus aveugle & la plus refpectueufe. «

Que les perfonnes qui penfent , & qui
font faites pour fentir , jugent de la furprife & de l'embarras où je me trouvai
tout - à - coup. Devois - je m'attendre à
des femblables propos , de la part d'un
Eccléfiaftique , & d'un Eccléfiaftique patél-
lin , moi qui avois confervé , toute ma
vie , je ne fais quels fentimens d'horreur
que je ne pouvois vaincre , pour les loix
du Chriftianifme ?

Ce n'eft pas que je prétende me dé-
chaîner contre le Culte que les Fideles
du Chrift font affez heureux pour exer-
cer. Je le révére , au contraire , du plus
profond de mon ame ; la politique me le
commande : je plains même les perfonnes
qui vivent dans l'aveuglement ; la charité
me l'ordonne. Mais je ne faurois me perfuader que ce que les Miniftres de la Religion Catholique atteftent à l'Univers ,

qu'*hors de leur Eglife* , *il n'y a point de Salut* , foit une vérité fenfible , auffi claire que le jour , & qu'il n'eft pas poffible de révoquer en doute.

Partons d'un principe clair , fans avoir recours aux fophifmes. Laiffons à la Théologie , le foin de s'excrimer fur des matieres abftraites. Que l'abfurdité de leurs raifonnemens , choque la raifon même , peu nous importe ; mais ofons dire avec certitude , que fi la Religion étoit véritablement de Dieu , elle feroit univerfelle. A coup fûr , elle eft l'ouvrage des hommes , & non celui du Créateur. Où eft le pere , qui a le cœnr cuiraffé ? Où eft le pere , qui n'aime pas fes enfans , depuis le premier jufqu'au dernier ? Il y auroit de l'njuftice , de vouloir accorder plus de prérogatives à l'un qu'à l'autre ; de vouloir fauver ceux - ci par plaifir , & damner ceux - là par colere.

Es - tu donc fait pour la vengeance ,
Dieu de clémence & de bonté ! Tout fen-
timent de haine, doit te devenir étranger.
Tu nous preſcris de pardonner à quiconque
nous offenſe , de rendre le bien pour le
mal , d'aimer notre prochain comme nous-
mêmes , & l'on veut que tu te venges !
Quelle abſurdité !

Juſques à quand les hommes , ces êtres
ſi fiers de leur ſavoir , & ſi pleins de
leur mérite , ſe montreront irreſonnables ?
Juſques à quand reſpecteront - ils les con-
tes les plus bizarres , par la ſeule raiſon
qu'ils les tiennent de leur Ancêtres ? L'il-
luſion , cette Reine du monde, changera - t -
elle ſans ceſſe ? & l'erreur , ce fléau de
la Nature , ſera - t - elle toujours la même ?
toujouts couverte d'un voile ténébreux , &
rarement décorée du bouclier de la vérité ?

Mais

Mais je ne m'apperçois pas que me laif-
fant entraîner infenfiblement à mes idées,
je donne lieu de croire que j'oferois prefque entreprendre de réduire en principes
le fyftême des Religions. Ce que les plus
grands Philofophes n'ont pu définir, moi,
foible créature, tenterois-je de le faire ?
Comme femme, mon peu d'érudition doit
me difpenfer de la fubtilité des argumens.
D'ailleurs, ne vaut-il pas mieux fe taire,
que de n'avoir que des hypothefes à fournir à l'efprit ?

Je reviens à mon Directeur, ou plutôt,
au Directeur de mes Nones ; car il n'a jamais pu réuffir à me faire dépofer dans fon
fein les pécatilles dont une fille de mon âge
pouvoit être fufceptible.

A peine mon faux dévot avoit-il fini fa
pieufe harangue, qu'il femblot chercher
dans mon ame les impreffions qu'elle pou-

voit y avoir laiſſées. On liſoit ſur ſon vi-
ſage un eſpece de triomphe , qui ſembloit
décéler la joie où il étoit , d'avoir ſi bien
rempli ſa miſſion.

» N'eſt - il pas vrai , ma chere enfant ,
» *me répétoit - il ſans ceſſe* , que ce que
» vous venez d'entendre , porte ſur l'é-
» vidence, & qu'il faudroit être tout - à -
» fait dépourvu de ſens commun , pour
» ne pas ſe prêter à une morale non moins
» ſainte que pure ? . . . Mais quoi !
» Mademoiſelle , vous ne répondez rien ,
» & il ſemble que la Grace n'opére pas
» dans votre eſprit. »

O , pour le coup , m'écriai - je , c'en eſt
trop, Monſieur le Docteur. Je vois bien,
à la maniere & au ton dont vous débitez
vos dogmes , qu'il y a long-temps que vous
étes initié dans les myſterés chrétiens , &
que ce n'eſt pas d'aujourdhui que vous en

faites la profession. On ne peut s'y mé-
prendre.

Mais pour vous prouver que la Grace
de laquelle vous parlez, est véritablement
efficace, & qu'elle opére en moi, voici,
en abregé, ce qu'elle me suggére.

Premierement, je ne puis me dissimuler
que c'est mal me prévenir, que d'oser user
de violence, en m'arrachant du sein de la
liberté, pour m'enfévelir toute vivante dans
les gouffres de l'esclavage.

Secondement, je suis bien aise que vous
fachiez que, dès ce jour même, je fais main
basse sur l'hymen, & que je n'ai de confeil a prendre, sur une chose aussi intéres-
sante, que de mon inclination & de mon
cœur. Je suis jeune, mais je suis plus que
persuadée que la félicité de l'ame ne se
trouve point dans les richesses, non-plus

que dans la magnificence, & qu'une honnête médiocrité eſt préférable, mille fois,
au faſte des richeſſes.

Troiſiemement, enfin, ne vous atten-
dez pas, Monſieur le Miniſtre, à me voir
abandonner mon Culte, pour en embraſſer un que je ne connois pas, & pour lequel les préjugés que j'ai reçu dès mon aurore, me donnent de la méfiance. Je dois
me conformer à la ſageſſe & à l'auſtérité
de mes peres. En marchant ſur leurs tra-
ces, j'aurai pour guide la vertu. Ils n'ont
pas voulu me perdre, encore moins me
tromper.

Rigide obſervatrice de la Religion Pro-
teſtante, dût-elle me faire ſouffrir les maux
les plus cruels, rien au monde ne ſera ca-
pable de me faire changer.

Je ne trouve pas moins étrange, que tant
que ma raiſon fut enveloppée dans les té-

nébres de l'enfance , on ait eſtimé peu néceſſaire de me donner d'autres préceptes ;
mais qu'étant parvenue à cet âge , où l'on
eſt fait pour penſer , en me propoſant des
nouveaux dogmes , on augmente mes
doutes.

J'ai toujours cru , le bon ſens même le
veut , que l'hommage du cœur doit être
réputé ſincere , & que ceux qu'on paye ,
pour tyranniſer les conſciences , ſont autant
de Bourréaux que le Démon a formé pour
notre ſupplice.

Je veux bien croire , continuai - je , que
les intentions de celui qu'on a eu la bonté
de me donner pour Tuteur , ſont extrême-
ment pures ; mais je gagerois bien que l'in-
téret , ce pere de tous les crimes , joue
ici le principal rôle. Je gagerois bien que
c'eſt là le ſeul motif qui rend mon
Oncle ſi officieux.

Monsieur le Vicomte de la G * * * y entre
aussi pour quelque chose ; il triomphe sans
doute de me voir ainsi cloîtrée ; mais qu'il
ne se flatte pas de parvenir jamais à ses
fins.

Voilà , Monsieur le Directeur , ajoutai-je
en me levant , & en lui faisant une profonde révérence , ce que votre très-humble
Servante brûloit d'envie de vous dire ; &
sur le champ il se rétira en sécouant la
tête , & en me donnant à connoître que j'aurois peut-être lieu de me répentir de mon
obstination.

On avoit trop bien commencé pour en
demeurer là , & je devois m'attendre encore à quelque nouvelle scene ; un événe-
ment fâcheux est toujours suivi de quel-
qu'autre.

A peine fus-je dégagée de la visite importune de ce Commissaire des Prisons Cé-

ieftes, que mes fens accablés de fes difcours criminels , s'abandonnerent à mille.
réflexions critiques, que la fituation fatale
où je me trouvois leur permettoit de faire.

J'attendois avec la plus grande impa-
tiance un dénouément de l'entretien que
j'avois eu avec ce Courier des dépêches
inutiles & infructueufes , lorfqu'on me fit
appeller au Parloir : C'étoit pour me remettre une Lettre anonime , qui venoit,
fi je ne me trompe , de la part de mon
Oncle. Voici ce qu'elle contenoit,

LETTRE

De Monsieur de la V * * *
à Mademoiselle Thérese de
la V * * * Pensionnaire au
Couvent des Religieuses du
Monastere de Sainte Luce.

MADEMOISELLE,

CE n'est pas un Tyran qui vous
écrit ; c'est un ami qui vous parle,
qui vous aime, & qui fait des
vœux sinceres pour votre félicité.

J'ai

J'ai appris , avec douleur , que vous opposiez au langage pieux du Directeur du Monastere où vous êtes , des sentimens contraires à la saine raison , & peu conformes à ses vues, qui ne tendent qu'à la vertu.

En héritant du bien de vos peres , vous vous trouvez à la tête d'une fortune considérable. Vous pouvez, il est vrai , vous procurer , par vos richesses , tous les plaisirs qui peuvent rendre votre situation agréable ; mais indépendamment de cet avantage , une bonne Citoyenne doit des enfans à la Patrie : c'est une espece de dette, qu'elle contracte avec elle en naissant. De l'union sincere de deux Cœurs , dépend , presque toujours le bonheur de la vie. Vous êtes dans cet âge heureux, où l'Amour se plaît à couronner les Amans. On regrette dans la Vieilleſſe le temps de l'Adoleſcence. Profitez, Mademoiſelle, profitez des beaux jours. Uniſſez votre deſtinée, à celle d'un Epoux aimable. Nous vivons dans un pays, où la Religion Catholique eſt la dominante ; que vous en coute - t - il d'en changer ? Il eſt vrai que le devoir nous impoſe quelquefois des loix qui ſont bien rigoureuſes ; mais, en pareil cas, la politique eſt d'un grand ſecours : vous m'entendez, vous me comprenez ſans doute.

Puiſſent ces courtes réflexions,

jettées au courant de la plume ; vous déterminer, Mademoiselle, en faveur du parti le plus juste & le plus raisonnable. C'est le vœu de mon cœur.

* *J'ai l'honneur d'être, avec le plus profond respect,*

MADEMOISELLE ;

Votre très - humble
& très - obéissant
Serviteur,

V * * *

Pour peu qu'on veuille réfléchir sur le contenu de cette Lettre, & sur ce que j'ai dit auparavant , l'on reconnoîtra que mon Oncle & Monfieur le Vicomte , font les principaux Acteurs qui figurent le mieux fur la fcene. Ils s'étoient arrogé le droit barbare , de difpofer non - feulement de mon cœur , mais encore de ma confcience ; ils avoient beau mettre en ufage l'art indigne de la feinte & du déguifement , tout cet ftratagême , auffi vain que mal conçu , leur devenoit inutile : que pouvoient-ils fans mon propre aveu ?

Quelques jours s'écoulerent , fans qu'on me fît mention de rien. On feignoit même , dans le Couvent, d'ignorer mon hiftoire , tant la politique eft en ufage dans ces fortes de Retraites. Mais la douce fécuiité dont je jouiflois , trouvant d'ans l'Aumônier de la Maifon un terrible adverfaire , que pouvois-je me figurer , finon qu'il étoit né pour mon fupplice. L'occafion voulut qu'il me parla, quelque temps après , de la

Lettre anonyme qu'on m'avoit fait parvenir au Couvent , & dont l'Auteur , fans doute , ne lui étoit pas inconnu.

Je faifis , fans cependant marquer trop d'empreffement , le moyen de favoir qui pouvoit m'avoir écrit ; mais il me fut impoffible de rien dévoiler , finon , que c'étoit, felon lui , une perfonne qui m'eftimoit au deffus de ce qu'on ne pouvoit exprimer. Avez-vous fait une réponfe honnête & favorable , ajouta- t - il , après quelque temps de filence ? Oui , Monfieur , lui répondis-je , très - honnête & très - favorable , dumoins felon la perfonne , & vous m'obligerez fenfiblement , de vouloir bien vous en charger. La voici.

RE'PONSE

A l'Auteur de la Lettre Anonyme.

C E n'eſt pas un Tyran qui *m'*écrit ; c'eſt un ami qui *me* parle, qui *m'*aime, & qui fait des vœux finceres pour *mon* bonheur. . . . . *Et depuis quand, Monſieur, avez-vous vu des amis prendre la route anonyme ? c'eſt un nouvel axiome que des gens fenſês ne fauroient épouſer.*

Vous avez appris, dites-vous, que je m'oppoſois aux vues du Direc-teur du Monaſtere ? Quel droit a-t-il fur mes actions, & quel droit avez-vous-vous-même, qui que vous foyez, d'en attendre autre chofe ? S'étoit-on flatté de me faire changer de face comme une girouette ? Je fuis fâchée qu'on me connoiffe fi peu. On devoit refter plus que convaincu , que le temps fermera le rideau de mon at-trabilaire, fous le même point que le hafard l'a ouvert.

Je fuis un coloffe de la fortune , ajoutez - vous ? permettez-moi de vous dire, avec jufte raifon, que vous n'en favez rien , puifque je crois moi-même être pauvre. Sans doute que vous mettez l'or au deffus des vertus : en ce cas , nous fommes l'un ou l'autre dans l'erreur, car je ne mets à ce rang que les belles qualités de l'ame. Je crois bien venfer, & je crois que tout être qui raisonne comme vous, a des sentimens vils, abjects, & dignes du plus souverain mépris.

Vous ajoutez encore, que je puis, par mes richesses, me procurer des plaisirs. Je n'en connois point d'autre, que celui de vivre en général pour tous ; & vous ne connoissez que ceux de vivre en particulier pour vous. Il est cependant un proverbe qui dit : Qui ne vit que pour soi, n'est pas digne de vivre.

Pensez y bien, Monsieur, vos discours superflus sortent des bornes de la saine politique & de l'honnêteté, lorsque, d'un air audacieux, vous osez m'inviter, par vos lâches conseils, à jouer Dieu dans sa Céleste Cité,

Cité , & les hommes au repaire du Sanctuaire Sabahotique.

C'est encore en vain que vous empruntez la voix de la patrie , & que vous prétendez que je lui dois des citoyens : que ne disiez-vous des victimes ! . . . . . Non, Monsieur, il suffit que je sois la sienne ou la votre. Mais si le temps, ce pere commun de tous les hommes , ne me permet pas encore de secouer le joug d'une loi injuste & tyrannique , du moins me laissera-t-il, en attendant cet heureux instant, la liberté de penser , . . . & de penser mieux que vous. Je finis, Monsieur, en vous assurant que je ne saurois envisager vos conseils, que comme ceux d'un monstre, &c.

I

CHAPITRE IV.

S'Il arrivoit à quelques vieux Célibataires de me reprocher dans ce Recueil de morale & d'Anecdotes Galantes , de n'avoir pas uni la prudence à la fageffe , & d'avoir peint les Monafteres avec des couleurs un peu trop noires , je répondrois à ces Meffieurs , que ne les eftimant pas affez , ce n'eft pas pour eux que j'ai écrit ; que s'ils vouloient fe donner la peine d'en appeller au Tribunal des Gens fenfés , ils apprendroient du moins qne ce n'eft pas d'une Fille du Monde qu'on doit attendre de la prudence , encore moins de la fageffe ; ils fauroient que je n'ai j'amais paré la vérité d'ornements étrangers ; que j'aurois craint de bleffer fon front , en expofant fous les yeux des Lecteurs Philofophes des faits non avoués , & dont j'ai été moi-même le principal agent. Plût à Dieu que j'euſſe ignoré toute ma vie cette premiere friction de plaiſir, que je reçus au Couvent, dans le lit d'une None i En ſerois je peut-être moins travaillée ſur l'hyver de mes ans !

Un Ecrivain de nos jours, dit que les courts intervalles que la Nature met à nos plaiſirs, ſont de moments bien cruels, que le remords empoiſonne : il a raiſon ' c'eſt une vérité que j'atteſte.

J'oubliois de faire obſerver, que la réponſe que j'avois faite, contenoit l'Arrét de ma détention, & que j'étois condamnée à demeurer cloîtrée juſquà l'âge de vingt-cinq ans. Que faire pendant tout ce temps ? à quoi s'amuſer ? On va le voir.

Sœur *Adélayde*, ç'étoit le nom de l'aimable Religieuſe qui m'ouvrit les portes du Sanctuaire qui menent tout droit au Temple de Vénus. Deſſechée dans ſa fleur, preſque

mourante dans son aurore ; j'attribuerai
moins cet état de langueur aux plaisirs illi-
cites qu'elle le procuroit tous les jours,
qu'aux chagrins dévorants qui ne cessoient
de la tourmenter, depuis qu'elle avoit pris
la *guimpe & le bandeau*. Son Frere aîné,
vil Esclave du crédit & de l'ambition, pour
se donner un rang distingué, & briller
avec plus d'éclat dans le monde, avoit
estimé nécessaire de forcer son inclination.
Il voulut la rendre Sainte en dépit de tous
les Saints : le barbare ! il eût volontiers souf-
fert qu'on l'eût immolée comme une vi.-
time ! Il eût fait plus ; il eût délayé lui-
même le poison dont tant de freres inhu-
mains ont hâté la mort de leurs proches.

D'après ce tableau, sur lequel sans-doute
il faut baisser la toile, parce que les couleurs en sont trop sombres, que pensera-
t-on de l'état cruel de ma Récluse ? Tour-
mentée par le démon de l'inquiétude, sen-

tira-t-elle toujours son malheur ? Se laissera
t-elle dépérir, au sein même de la violence
& de l'injustice ? Pourra-t-elle supporter
enfin un joug si contraire aux droits de
la Nature ? Non : maîtresse de ses appétits,
elle trouvera le moyen de le briser.

Une douce habitude qu'elle s'est faite
de la jouissance (ce grand ressort du bonheur de la vie), ne sçauroit la dispenser
de la nécessité du plaisir. Il faut qu'elle s'en
procure, à quel prix que ce soit.

Une grande allée, bien ombragée, qui
terminoit le jardin du Couvent, où demeu-
roient ensévelis les appas d'Adelayde, étoit
pour l'ordinaire, sa promenade favorite.

Depuis quelques jours, elle se disoit at-
taquée d'une forte migraine, qui sembloit
la priver des douceurs du sommeil.

Il lui avoit été prescrit par le complai-

fant Efculape de la maifon , de prendre
foir & matin , une heure d'exercice , afin ,
difoit-il , d'égayer un peu fes efprits , qu'un
fond de mélancolie avoit rendu pefants ,
mais foit qu'elle fût réellement indifpofée ,
ou que pour en donner un plus grand air
de vérité , elle fît femblant de l'être ; j'ob-
ferverai qu'elle fe plioit conftamment , &
avec plaifir aux regles de l'Ordonnance

Dès mon entrée , dans cette Ecole du
Vice , j'avois toujours cherché l'occafion d'a-
voir un tête-à-tête avec cette Religieufe ,
de qui l'extérieur pieux , faint & humilié ,
laiffoit apercevoir à travers une gaze , une
brillante héroïne de la volupté.

Sans le favoir nous brûlions toutes les
deux du même défir , & nos cœurs ne fe
cherchoient mutuellement , que pour mieux
fe jurer une tendreffe éternelle , & une
amitié à toute épreuve.

Le même foir , après avoir demandé à la Supérieure la permiffion d'aller refpirer le frais dans le jardin , & l'ayant obtenue , à ma grande fatisfaction , je marchai , où plutôt je volai vers l'endroit où je m'imaginois trouver Adélaide.

Sa fituation me furprit. Elle étoit nonchalamment affife fur un gazon tout émaillé de fleurs odoriférentes : fes jupons à demi relévés fur fes jenoux laiffoient appercevoir une jambe faite à peindre ; fa gorge à découvert , plus blanche que l'albâtre fembloit exprimer les mouvements fecrets de fon cœur , & fes foupirs entrecoupés demandoient au Dieu , créateur de fon ame, quelques grains de fa céleftée rofée , qui feule pouvoit éteindre le feu facré qui dévoroit l'Autel de fon brillant édifice.

Je ne fais fi c'eft par fimpatie , que mon cœur reffentit pour la premiere fois un mêlange précipité de peine & de plaifir ; mais il me fut impoffible d'en pénétrer la caufe ou le myftere.

Pardonne , cher Lecteur , à mon peu d'expérience : je fus mille fois prête à croire qu'elle fe trouvoit fuffoquée par des vapeurs , lorfqu'apres l'agitation de quelque intriguant exercice , je vis renaître dans fes yeux le calme & la tranquillité.

Le bon ordre ayant remis fon ame dans fon affiette naturelle , fon air lafcif me donna lieu de croire qu'elle étoit abforbée dans quelque profonde rêverie , & que ma préfence feroit peut-être un obftacle au plaifir qu'elle goûtoit de fe recueillir ainfi dans le filence.

Je balançois fur le parti que je devois prendre , tant je craignois de la troubler dans fes réflexions ; mais un mouvement de tête qu'elle fit précifément du côté où j'é-

tois

tois à la contempler vint lever tous mes
doutes , & me détermina tout-à-fait.

Pardonnez-moi ma Sœur , lui dis-je en
l'abordant , je viens peut-être dans un temps
incommode. Point du tout me repliqua-
t-elle vivement , & de l'air du monde le
plus gracieux. Il eft vrai, ajouta-t-elle , que
j'étois en méditation; & s'il faut vous parler net, je rêvois aux moyens de me procurer une Amie, fur laquelle je puffe compter : elles font fi rares, fur-tout dans une maifon où l'on ne fauroit prendre trop de précautions pour fe garantir des *Argus*.

Avez-vous pris garde , depuis que vous
êtes entrée dans ce nouvel afyle , avec
quelle fcrupuleufe attention on épie les
moindres démarches. Il femble que la gêne
& la contrainte ont établi ici leur empire.
Tout y décéle la trifteffe & l'amertume qui
la fuit. Ah ! Thérefe ! ma chere Thérefe !

K

s'il eſt vrai , comme on le dit , que ce
ſont les nuits heureuſes qui font les beaux
jours , dans quelle triſte alternative nous
voyons-nous réduites. D'autres peuvent chan-
ter les faveurs de l'amour ; ils peuvent même à loiſir en moiſſonner les roſes; mais
il n'eſt réſervé qu'à nous ſeules d'en peindre le déſeſpoir , & de nous nourrir de ſes
épines.

Voilà l'importune retraite qui ſonne la
Priére ; il faut nous rétirer chacune dans
nos chambres , ma chere Théreſe , crainte
que la Supérieure , en faiſant ſa ronde , ne
nous ſurprene , & cependant concerter quelque moyen qui nous procure l'avantage de
paſſer la nuit enſemble : pour moi je n'en
vois pas d'autre que celui de faire ſem-
blant de nous coucher , juqu'à ce que
Morphée ait enveloppé dans ſes agréables
filets toutes les Surveillantes qui pourroient
troubler nos innocentes intentions. Allez ,

chere Thérese, allez dans votre appartement, jusqu'à ce que le silence regne ,
& ne venez que sous la protection des
voiles de l'obscurité : je brûle d'impatience
en attendant cet heureux instant ; mais sur-
tout prenez bien vos précautions pour que
nous ne soyons pas découvertes.

Mes désirs n'étoient pas moins vifs que
ceux de l'adorable Adélayde , toutes les mi-
nutes d'attente me paroissoient des heures ,
pour ne pas dire des siecles , & je ne sai
quel démon malfaisant agitoit ce soir l'esprit de nos Nonins , & les ravissoit aux
douceurs du sommeil.

Il ne me fut pas possible , quelque envie que j'eusse d'exécuter notre dessein , de
me rendre avant onze heures dans son appartement.

A peine y fus-je entrée , qu'elle me sauta
au cou, me serra vivement dans ses bras ,

me fit mille & mille baifers lafcifs , qui
tranfmirent dans mon ame, je ne fai quel
feu dévorant. Allons, chere Thérefe . . .
Allons , cher Ange . . . . Allons fur mon
lit nous dédommager de la rigueur d'un
fort cruel ; & fi nous ne pouvons goûter
les vrais délices de Paphos & de Cythere ,
puifons dans la Cour d'Amathonte , & les
fecours de l'Art , les plaifirs que la Triom-
phante Nature a caché dans leur fein pour
faire favourer fes bienfaits aux Infortunés , &
apprendre aux habitans de ce vafte Univers ,que la plus forte digue , élevée par
leur main , n'eft pas en état d'arrêter le
cours du plus petit ruiffeau qu'elle ait formé.

Je n'étois pas encore couchée, quelle fe
mit & me gliffa adroitement dans le Palais
de la génération une Machine Elaftique , à
double face, d'environ feize pouces , d'ont
huit pour elle , & huit pour moi, à laquelle il y avoit une double guirlande au

milieu, qui renfermoit deux petits globes, qui , en les ferrant par fecouffes entr'elle & moi , lançoient dans ce Palais un certain feu mitigé par la nature, qui enflammoit, fans confumer , toutes les parties de mon ame , & qu'il eft impoffible à mes fens d'exprimer.

Ennivrée tout-à-coup d'une paffion naiffante , je fentis mon cœur ouvrir fa porte aux douces éteincelles de la cupidité. Ah! m'écriai-je, dans le moment , difparoiffez douces illufions . . . . Thrône des Dieux, Palais des Anges, vous n'êtes rien auprès de ce torrent de délices & de jouiffances que tous mes fens éprouvent. Ciel . . . . .! ô Ciel ! dans quel pays d'enchantement fe tranfporte mon ame ! Adélaide . . . . . , chere Adélaide . . . . . . , je touche au bonheur Suprême. Ah i je n'en puis plus, je fens que je réunis tous les plaifirs . . . . Oui , je fens . . . . Ah! je fens que je me pa . . . . . me . . .

A ces tendres évolutions fuccéda un agréable affoupiffement 'd'une heure , qui oftrit
à ma vue la plus riche & la plus voluptueufe
perfpective du monde.

Tranfportée d'un vol rapide, par l'imagination , dans uu jardin que la Nature
avoit couronné de fes mains , & qui fem-
mbloit n'avoir été conftruit que pour les
Dieux, un jeune homme , auffi beau que
Narciffe , & auffi vigoureux qu'Hercule ;
enfin , le fils ou l'image propre de l'Amour,
d'un air le plus affable & le plus refpec-
tueux , me dit, avec un fourire doux &
en me tendant une main délicate : Quel hafard, adorable Princeffe , quel hafard vous
conduit dans ce lieu de délices , d'où la
cupidité a banni les incenfés mortels ; venez,
adorable Glycere , en parcourir les bof-
quets , que la mere des amours a taillés ,
pour couvrir de fes aîles les parfaits amans ,
& d'où la liberté a chaffé pour toujours la

contrainte & la gêne: Il n'eſt permis qu'à une ame noble & majeſtueuſe d'en reſpirer l'air flatteur qui nourrit les plaiſirs d'un printemps éternel, & d'où les folâtres zéphirs impriment ſur le teint de ceux qui les habitent la blancheur du lys, le vermeil incarnat de la roſe, les déſirs de l'union & de la volupté.

Entrons, me dit-il, d'un air fort complaiſant, dans ce petit Salon qui termine l'allée; tout y eſt propice à combler nos vœux, & nos ames dégagées de la ruſtique enveloppe qui les enchaîne à la chimérique pudeur, verſeront le nectar des Dieux dans la coupe du monde.

J'étois déjà couchée toute nue ſur un magnifique ſopha, quand par un ſimple clein d'œil de mon aimable guide, une foule de Nymphes vinrent nous couvrir d'un rideau de ſatin blanc, parſemé de petits Cupidons qui décochoient des traits de toutes parts.

O Ciel ! fut - il jamais des inftans plus chers à mon ame ? Pendant que je cueillois la palme d'Idumée , ces mêmes Nymphes chantoient en mon honneur les hymnes de l'amour ; mais trop tôt un tourbillon jaloux de mon affoupiffement, vint me ravir à mon fecond bonheur , & me tranfporter foudain au lit d'Adélaide.

Ah , chere Amie, m'écriai-je en m'éveillant , vous m'avez fait paffer la plus délectable nuit de la vie ; & le fort en ceffant fes rigueurs , & me rendant au monde, ma ouvert par votre fecours les portes de l'Olympe.

Adieu , cher objet , le jour va bientôt paroître ; fans - doute qu'il conduira mon Oncle & ma liberté, & peut-être quelque amant tranfi , dans ce déteftable féjour , pour obtenir de moi quelque rélâchement ; mais ils feront déchus. Je fuis maîtreffe de mes volontés. Adieu chere amante.

Ce

Ce seroit à ne jamais finir, si je voulois entrer dans le détail de toutes les manœuvres lubriques , que nous mîmes en
usage cette Religieuse & moi, pour égayer
nos sens , & pour nous dédommager am-
plement des soucis & des peines qu'on
éprouve dans le Célibat.

Je croirois cependant frustrer mon Lecteur, si je lui célois l'anecdote suivante.

CHAPITRE V.
ANECDOTE GALANTE.

Un jour que j'étois comme ennuyée de moi-meme, il me vint dans l'esprit de me transporter au Couvent des Religieuses de Notre Dame de . . . Ma démarche avoit pour but de faire visite à une jeune Pensionnaire, qui étoit de mes amies, & que j'avois initiée dans les mysteres de Vénus. J'étois curieuse de savoir si elle avoit fait des prosélytes, & si les leçons de volupté que je lui avois tracées, ne lui laissoient rien à desirer.

Parvenue au lieu de ma destination, & après avoir un peu repris haleine, car j'avois précipité ma course, je me mis en devoir de sonner modestement la cloche.

La Tourriere, qui pour l'ordinaire se fait
long-temps attendre, ne tarda pas à se pré-
senter. Ayant prononcé, d'une maniere re-
cueillie, son *Deo gratias*, elle me demanda,
avec un air de politesse & de douceur qui
me ravit, ce qui lui procuroit l'honneur de
ma visite.

Surprise de tant de civilité de la part d'u-
ne Tourriere, je lui répondis sur le même
ton, & je lui expliquai, sans exagérer, le
sujet de ma mission.

Sur le narré que je lui en fis, elle m'as-
sura qu'elle sentoit un déplaisir secret de ne
pouvoir me servir comme je le desirois,
c'est-à-dire, à la minute, par la seule raison que la Communauté étoit à Vêpres, &
qu'il y en avoit encore pour un bon quart
d'heure, avant de pouvoir parler à la Pensionnaire que je demandois ; mais que si je
voulois, en attendant, me donner la peine

de monter au Parloir, il falloit entrer, précifément, dans celui qui étoit à droite, celui de gauche étant occupé par un Religieux
& une Novice.

Le mot de *précifément* qu'elle prononça
avec une efpece de myftere, me fit naître
des foupçons qui fe trouverent légitimes. Un
efprit de curiofité, non, je me trompe, un
de ces preffentimens qui fe trouvent juftes,
me fit faire le contraire de ce qui m'avoit
été prefcrit par l'aimable Tourriere. Je dis
aimable, parce qu'elle l'étoit véritablement,
& que je la trouvois digne d'un meilleur
fort. Sans vanité, elle méritoit bien qu'on
lui fit des facrifices proportionnés à fes appas, mais dans un autre Temple que celui
qu'elle habitoit. Bref, je monte légerement
l'efcalier ; j'ouvre la porte du Parloir, elle
n'étoit fermée qu'au loquet. Mais que vois-
je ? une jeune Nonin, les feffes nues, ap-
pliquées contre la grille, la tête inclinée vers

la poitrine, & les mains collées fur les bras
d'un fauteuil qui lui fervoit de point d'ap-
pui. Dans cette attitude charmante, elle fe
prêtoit officieufement aux efforts d'un Moine
à la fleur de fon âge, & dont la corpulence
& l'embonpoint annonçoient qu'il étoit très-
propre aux combats amoureux. Ce zélé Dif-
ciple de Saint François, qui étoit tout ac-
tion, dans l'efpoir fans doute de mener les
chofes à bien, faifoit des efforts inconfidé-
rés, pour trouver, malgré une attitude auffi
embarraffante, quelque petite entrée au
trône de l'amour ; mais nouveau Tantale,
plus il cherche le moyen de fe défalterer
dans l'onde, moins il peut fatisfaire à fes defirs brûlans.

La Victime courbée, languiffant fous le
couteau, attendoit avec impatience que fon
Sacrificateur l'immolât, lorfque je m'avifai
d'interrompre le concert libidineux de ce
couple infortuné. Qu'on juge de l'effet ter-

rible que dut produire en eux ma préfence
inattendue. Leur contenance auroit pu feule
bien peindre leur confufion & leur embarras. Une efpece d'inertie fuccéda tout à
coup à leurs jeux délectables; pour un moment je les crus pétrifiés. . . . Mais pro-
fitant d'une circonftance qui pouvoit me procurer du plaifir , il me prit envie de décla-
rer la guerre à fa Révérence, & fans diffé-
rer , je commençai les hoftilités.

Allons , mon Pere , lui dis-je , du cou-
rage : Remettez-vous du trouble oú vous
ont jetté les écarts d'une imagination liber-
tine. Les femmes , comme on fait n'ont de
fecret que fur l'article , & vous pouvez
compter fur ma difcrétion ; mais il s'agit de
finir avec moi, ce que vous n'avez , fans
doute , qu'ebauché avec cette aimable enfant , que le befoin dévore.

Preffée par la néceffité , elle lui fit figne de

se dépêcher : il ne demandoit peut-être pas mieux : un long bang assez étroit, fut le théâtre brillant où se passa cette scene amoureuse , & que je crois être sans exemple.

Malgré la présence de la Nonin , qui auroit déconcerté tout autre , le Caffard fit des mervetlles , & mes desirs furent satisfaits au-delà de toute expression.

Pourquoi n'avions-nous pas quelques momens de plus ? j'aurois engagé sa Révérence , à me faire encore une seconde politesse , tant j'avois été contente & satisfaite de la premiere.

Si ce Porteur de froc étoit aussi expert dans la lecture de son Bréviaire , qu'il l'étoit aux ébats amoureux , assurément il savoit bien lire.

Un bruit confus de voix qui se fit en-

tendre, finit la Scene. Je m'affis vis-à-vis
la grille : le Moine fe plaça vis-à-vis fa
Religieufe; & la jeune Penfionnaire que
j'avois demandée s'étant montrée & reçu
ma vifite, je me retirai prefque auffi contente de cette avanture comique, que du
plaifir qu'elle m'avoit procuré, & dont la
Porteufe de guimpe avoit été la maquignone
& la fpectatrice.

F I N.